DANIELE DACCHILLE

INVESTIRE ALL'ESTERO

Strategie per Portare la Tua Azienda
a Investire con Successo
sul Mercato Internazionale

Titolo

"INVESTIRE ALL'ESTERO"

Autore

Daniele Dacchille

Editore

Bruno Editore

Sito internet

http://www.brunoeditore.it

Sommario

Introduzione

Internazionalizzazione, globalizzazione, investimenti all'estero sono termini oramai entrati prepotentemente nel nostro vocabolario giornaliero. Quali sono le regole vincenti per un'azienda che si accinge a "modificare" la propria strategia di investimenti volgendo lo sguardo verso un orizzonte inesplorato e che ad alcuni dà la sensazione di un Eden irraggiungibile?

La globalizzazione pone i mercati in contatto sempre più stretto. Da un lato, alimentando la concorrenza tra le imprese e dall'altro offrendo crescenti opportunità di sbocco su nuovi mercati: in particolare, l'investimento all'estero è quel processo che favorisce lo scambio e la circolazione dei beni e delle merci tra i vari Paesi del mondo e consta di due elementi, uno attivo che si realizza quando l'impresa è in grado di gestire direttamente la fase distributiva della propria attività economica ed è promotrice dei propri prodotti, e uno passivo che si verifica quando l'impresa affida sia la fase distributiva, che promozionale dei propri prodotti, a operatori economici (buyer, importatori, distributori) di altri Paesi. In Italia, non è ancora radicata la cultura dell'internazionalizzazione, soprattutto con riferimento alle PMI: infatti, sono di larga diffusione i rapporti commerciali occasionali, la scarsa conoscenza del mercato estero, l'assenza della ricerca del cliente, la mancanza di un'adeguata promozione del prodotto, confidando esclusivamente nelle capacità commerciali del buyer o dell'importatore.

La strategia vincente si basa sull'idea di favorire investimenti attivi, sviluppando rapporti commerciali sistematici, attraverso approfondite ricerche di mercato, utilizzando politiche promozionali e mediante la realizzazione di società sul territorio prescelto.

Per le imprese italiane, intraprendere un processo di siffatta specie, è diventata oramai una necessità vitale. Il brancolare nel buio, senza punti di riferimento, può essere superato dando uno sguardo attento a ciò che il mercato offre in questo campo.

In questa fase del mercato mondiale è risaputo che il made in Italy sta raggiungendo il suo apice in popolarità e commercializzazione. Il 60% dei prodotti con marchio italiano venduti nel mondo sono dei falsi; questo dato ci porta a fare due considerazioni: la prima è che evidentemente le aziende italiane non sono in grado di soddisfare la richiesta di prodotti; la seconda, ed è una deduzione logica, ci fa realizzare che laddove esistono dei falsi vuol dire che c'è richiesta di quel prodotto.

Le motivazioni che dovrebbero spingere un'impresa a considerare un processo di investimento all'estero sono, senza dubbio, la maggiore produttività e di conseguenza una maggiore vendita e a costi sostenuti, con possibilità di crescere qualora il mercato lo richiedesse.

Molto spesso queste due opzioni sono presenti nelle nostre aziende ma la mancanza di abitudine a operare in un mercato concorrenziale fa sì che l'imprenditore si accontenti di realizzare la piccola vendita al "dettaglio", che lo lascerà perennemente nel suo limbo, piuttosto che programmare e realizzare nel tempo strategie vincenti e di crescita per la sua azienda.

L'investimento all'estero non è facile richiede pianificazione, organizzazione, pazienza e competenza del e nel mercato. È importante avere sempre un punto di riferimento come guida affidabile e sicura, per creare le condizioni ideali affinché si realizzi quel benessere aziendale che permetta il salto di qualità che le faccia uscire dal loro perenne oblio.

Non c'è ombra di dubbio che la globalizzazione dei mercati porterà all'abbattimento delle barriere doganali così com'è già successo negli Stati della comunità europea.

L'individualità, la cultura, le tradizioni e le abitudine di ciascuna nazione, saranno sempre una prerogativa per la popolazione e queste componenti saranno necessariamente da prendere in considerazione per pianificare, nel modo migliore, un progetto di investimento vincente.

I prodotti di qualità li abbiamo e sono ricercati in tutto il mondo, le capacità logistiche non ci mancano, le strutture e tutto il resto sono eccellenti, dobbiamo ancora far nostra tale mentalità che io, metaforicamente, vedo come una bilancia su cui contrapporre, da un lato, il peso del rischio calcolato e della paura di intraprendere una nuova avventura, e dall'altro la certezza e la convinzione del successo.

CAPITOLO 1:
Come pianificare l'investimento

Alta	Investire in modo selettivo (priorità 8)	Investire (priorità 6)	Investire (priorità 2)
Posizione Competitiva	Non Investire	Investire in modo selettivo (priorità 10)	Investire (priorità 6)
Bassa	Non Investire	Non Investire	Investire in modo selettivo (priorità 8)
	Bassa	Attrattività Mercato/Paese	Alta

Mercati esteri da selezionare in quanto consentono da subito ritorni interessanti

Mercati esteri che potrebbero dare ritorni interessanti e che non necessitano di tempo e/o risorse per essere sviluppati

Mercati esteri poco interessanti

Sulla riga orizzontale dello schema troviamo i giudizi di attrattività del mercato/paese, mentre sulla riga verticale troviamo i giudizi relativi al posizionamento competitivo.

I paesi che si collocano nel segmento giallo sono, indubbiamente da preferire, in quanto hanno caratteristiche di elevata attrattività e presentano un ambiente competitivo favorevole alla caratteristiche della nostra impresa.

I paesi e i mercati che sono posizionati nel segmento celeste, sono anch'essi validi, ma le caratteristiche che presentano sono di minore attrattività e quindi non consentono un buon posizionamento competitivo.

In ultima analisi, i paesi e i mercati posizionati nel segmento rosso, non essendo attrattivi né competitivi sono da escludere. Pianificando in modo completo e accurato il vostro progetto di investimento, portate la fortuna dalla vostra parte.

Al contrario, senza un'attività di pianificazione adeguata, vi muoverete praticamente alla cieca e le vostre possibilità di successo si ridurranno enormemente: gli istituti di credito e gli altri soggetti finanziatori lo sanno bene, e non accordano credito alle aziende prive di un piano redatto in maniera appropriata. In altre parole, senza un piano di investimento non andrete da nessuna parte.

SEGRETO n. 1: occorre analizzare nel dettaglio le ragioni per cui un'adeguata attività di pianificazione aumenta considerevolmente le possibilità di successo del progetto di

investimento e non limitarsi a cogliere soltanto qualche occasione qua e là perché tale pratica è rischiosa e inefficiente.

Portare la propria azienda su uno o più mercati esteri è un processo di complessità paragonabile all'inizio di una nuova attività d'impresa. Ora, la vostra azienda ha raggiunto una posizione soddisfacente sul mercato nazionale, siete conosciuti dal mercato e ormai conoscete tutti i segreti del mercato e della concorrenza; i vostri prodotti quindi rispondono in modo soddisfacente alle esigenze dei vostri clienti e avete una posizione consolidata nell'ambito della catena distributiva; la struttura organizzativa è perfettamente adeguata e la vostra capacità produttiva è dimensionata sulle esigenze del vostro mercato.

Pensate che nessuna di queste cose sarà più necessariamente vera quando andrete su un mercato estero? Nessuno vi conosce. Siete nuovi, gli ultimi arrivati. I clienti non vi conoscono e neppure i distributori: ricordate quanto avete impiegato a farvi un nome in Italia. Non sapete nulla dei clienti. Chi sono i clienti? Analizzate le loro abitudini, i loro bisogni, le loro preferenze: nulla garantisce che siano uguali e neppure vagamente simili ai clienti italiani.

I vostri prodotti sono adeguati? Analizzate il mercato locale, se non lo conoscete non potrete sapere se i vostri prodotti saranno adatti a soddisfarne le esigenze.

Non conoscete i concorrenti? Analizzate chi sono e quanto sono forti e cercate di capire cosa aspettarvi da loro. Non avete distributori. Cercate dei partner cui affidarvi, stabilite le modalità dei rapporti perché le abitudini potrebbero essere completamente diverse.

Proprio per la sua complessità e per l'impatto che ha sull'intera struttura aziendale, senza un'attenta e adeguata attività di pianificazione il progetto di investimento è destinato a fallire.

L'utilità del piano e di una programmazione esplicita e formalizzata delle proprie attività per un periodo il più possibile protratto nel tempo sembra ovvia se soltanto si fanno le seguenti considerazioni:

- gli investimenti necessari all'ingresso nei nuovi mercati hanno un effetto diluito nel tempo. I risultati che tali investimenti determinano non si verificano istantaneamente: occorre raccogliere informazioni, attivare contatti, prevedere spese di viaggio nei paesi esteri, eventualmente adattare i prodotti e i servizi offerti alle esigenze dei mercati locali ecc. Conquistare quote di mercato dove non siamo mai stati presenti è difficile, richiede costanza, tenacia e investimenti costanti: è quindi importante prevederne l'evoluzione per poi poterla tenere sotto controllo;

- una volta deciso l'impiego di una risorsa, non è sempre agevole tornare sui propri passi: meglio quindi valutare a priori e in modo il più possibile esplicito gli effetti di tale impiego a fronte di utilizzi alternativi, anche e soprattutto tenendo presenti gli elevati "costi opportunità" (ossia il mancato sfruttamento di opportunità di guadagno alternative dovuto al fatto che le risorse disponibili non possono contemporaneamente essere utilizzate in più direzioni) presenti in qualsiasi decisione aziendale e sistematicamente ignorati nella pratica;
- il sistema ambiente/mercato evolve nel tempo, ed è quindi opportuno non farsi prendere in contropiede da cambiamenti

inattesi: è chiaro che non tutto può essere previsto, anzi, ma un serio sforzo di previsione può ridurre considerevolmente il livello di incertezza, i rischi e le sorprese, specialmente nell'ambito di mercati di cui non abbiamo esperienza diretta e per i quali risulta ancora più importante e delicato cercare di interpretare i segnali di cambiamento e di evoluzione.

Come spiegato poco fa, la nostra azienda parte da una situazione di svantaggio nei confronti dei concorrenti già presenti sul mercato. È quindi di fondamentale importanza individuare i nostri possibili punti di forza in relazione a particolari condizioni di mercato, caratteristiche dei clienti potenziali e punti di debolezza dei concorrenti che devono essere analizzati prima di decidere l'ingresso nei nuovi mercati. Tali punti di forza costituiranno gli elementi fondanti della strategia d'ingresso, massimizzando le probabilità di successo del progetto. Non si potrebbe cogliere soltanto qualche occasione qua e là?

Moltissime piccole aziende realizzano una frazione irrisoria del proprio fatturato all'estero con vendite più o meno occasionali generate da partecipazioni a fiere, contatti personali e altri canali sporadici e informali. È ragionevole chiedersi perché l’apertura dell’azienda ai mercati esteri non possa essere condotta attraverso lo sviluppo di questi contatti seguendo le occasioni che man mano si presentano. Sebbene vi siano indiscutibilmente casi di successo tra le aziende che hanno seguito questa strada, ci sono almeno due tipologie di ragioni serie che sconsigliano di perseguirla come regola:

1. la prima è che può essere estremamente rischioso. Vendere all’estero richiede tutta una serie di competenze e di cautele la cui importanza tende a emergere prepotentemente soltanto nel momento in cui ci si accorge, troppo tardi, di esserne privi. Mezzi di pagamento inadeguati espongono al rischio di insoluti, le clausole contrattuali possono rivelarsi impugnabili per la legge del paese straniero e la scelta incauta dei mezzi di spedizione può esporci a richieste di risarcimento da parte dei clienti. I rischi aumentano poi esponenzialmente nei rapporti commerciali con i paesi in via di sviluppo (dove peraltro tende a concentrarsi la maggioranza delle opportunità). Sull’onda dell’entusiasmo, le aziende che sviluppano la propria attività di esportazione in maniera opportunistica e non sistematica, tendono a sottovalutare tali rischi e a non sviluppare

un'organizzazione e delle competenze adeguate per affrontarli;

2. la seconda è che può essere estremamente inefficiente. Anche nel caso in cui l'azienda si dotasse delle risorse e dell'organizzazione necessaria a proteggersi dai rischi legati alle attività di esportazione, non c'è nulla che garantisce che le occasioni e le opportunità che si presentano in modo sporadico siano le più adatte a sfruttare i punti di forza dell'azienda, ovvero che risultati migliori non potrebbero essere ottenuti su altri mercati, con altre strategie, a parità di impiego di risorse. Inoltre, sembra illogico che, una volta sviluppate le competenze interne, queste non debbano essere sfruttate in modo sistematico rivolgendosi ai mercati più promettenti attraverso la definizione di un progetto di investimento supportato da un piano.

SEGRETO n. 2: i vantaggi dell'investimento per un'impresa sono di carattere sia economico che strategico, ma occorre fare attenzione perché a fronte di una serie di vantaggi importanti, l'investimento potrebbe comportare rischi specifici che bisogna conoscere.

Intraprendere un'attività di investimento all'estero consente di cogliere una serie di importanti opportunità di sviluppo e prosperità per l'impresa.

Alcune sono facilmente individuabili e riguardano i risultati ottenibili nel breve e medio periodo in termini di volume d'affari e contribuzione: altre sono meno immediate, ma altrettanto importanti: si riferiscono allo sviluppo dell'azienda sul medio e lungo periodo e all'aumento della sua competitività e della possibilità di costruire barriere nei confronti della concorrenza.

Ecco una lista parziale dei vantaggi dell'investimento all'estero:

- aumento del giro d'affari: è il vantaggio più ovvio e più immediato: le vendite della vostra azienda dipendono sia dalla competitività dell'azienda stessa, sia dalla dimensione del mercato cui essa si rivolge. Intraprendere un'attività di tale tipologia consente quindi all'impresa di allargare la propria base di mercato;
- aumento dei profitti: se l'entità delle vendite aggiuntive ottenibili sul mercato estero è tale da non incidere significativamente sui costi fissi, tali vendite incrementeranno

la redditività complessiva dell’impresa;

- economie di scala: quando l’attività all’estero cessa di essere una parte marginale dell’attività complessiva dell’impresa, questa intraprende un processo di crescita in termini di dimensioni, supportato dalla crescita della base di mercato, che le consente di accedere a nuove risorse finanziare e di sfruttare i vantaggi di costo legati alla dimensione (economie di scala);
- diversificazione del rischio: l’investimento riduce la dipendenza dell’azienda da un unico mercato, consentendole di superare eventuali periodi di recessione che dovessero colpire i singoli mercati;
- Possibilità di accedere a nuove idee e nuove esperienze: operare su mercati diversi consente di venire a contatto con nuove realtà, nuovi modi di operare, nuove idee di successo che possono essere recepite e utilizzate sia sul mercato italiano, sia sugli altri mercati di riferimento;
- risposta alla globalizzazione: la crescente globalizzazione dei mercati fa sì che nessuna azienda possa permettersi di rimanere chiusa nel proprio mercato: se non siamo noi a competere sui mercati esteri, prima o poi saranno le imprese

straniere a venire a farci concorrenza sul mercato italiano;

- l'esperienza della competizione sul mercato internazionale, accuratamente progettata e gestita nelle migliori condizioni, consente alle aziende di costruirsi i mezzi finanziari e le competenze manageriali, per competere con i concorrenti stranieri anche sul mercato domestico;
- aumento della competitività sul mercato interno: come già detto, le vendite dipendono sia dalla dimensione del mercato di riferimento, sia dalla competitività dell'azienda nei confronti dei concorrenti. Le caratteristiche necessarie alle aziende per competere sui mercati internazionali, l'esperienza, le competenze e le risorse acquisite, andranno a costituire un vantaggio competitivo importante nei confronti di quelle aziende che limitano la loro area di attività al mercato italiano.

A fronte delle opportunità e dei vantaggi citati, l'impresa deve affrontare una serie di rischi aggiuntivi:

- *rischio d'impresa*: è la tipologia di rischio che caratterizza ogni attività d'impresa. Come già detto, sui mercati esteri è aggravato dalla minore conoscenza del mercato, dei concorrenti, della distribuzione ecc. oltre che dalla posizione di sostanziale svantaggio che l'azienda si trova a dover affrontare nella fase iniziale;

- *rischio economico*: è il rischio legato all'andamento della domanda sui mercati internazionali, alcuni dei quali, specialmente quelli caratterizzati dai maggiori tassi di crescita e, come tali, più appetibili, sono caratterizzati da un alto grado di incertezza e di volatilità, che possono portare a improvvisi e importanti eventi di contrazione della domanda;
- *rischio monetario*: dal momento che il prezzo e la moneta in cui dovrà avvenire il pagamento sono stabiliti al momento del contratto, in presenza di dilazioni di pagamento significative, l'azienda si troverà esposta al rischio di riduzione di valore della transazione dovuto alla svalutazione della moneta estera rispetto all'euro;
- *rischio politico*: operando all'estero, l'impresa italiana è sottoposta alle leggi del paese straniero. Se nei paesi occidentali la possibilità di intervento dei governi nell'economia è ormai estremamente limitato, non altrettanto si può dire per la maggioranza dei paesi emergenti (Est europeo, America Latina, Cina ecc.), nei quali manovre protezionistiche improvvise, innalzamento dei dazi e

svalutazione della moneta, sono tutt’altro che infrequenti.

SEGRETO n. 3: predisporre un piano di investimento consta di cinque fasi: background, analisi dei mercati, strategia competitiva, pianificazione economico finanziaria e valutazione di percorsi alternativi. Il piano è anche alla base dell’attività di controllo e monitoraggio dei risultati.

Il piano di investimento deve considerare tutti questi rischi e delineare strategie di difesa sia preventivamente che in risposta al verificarsi degli eventi.

Cos’è il piano di investimento?

È un documento scritto in cui vengono indicati gli obiettivi, spiegate le logiche strategiche e operative delle diverse fasi del progetto e stimati esplicitamente, quantificandoli, i risultati di mercato e quelli economico-finanziari previsti in un lasso di tempo di almeno qualche anno. In altre parole altro non è che un business plan.

Non si tratta quindi, soltanto di un insieme di proiezioni e/o di obiettivi economico-finanziari, ma soprattutto di un'organica presentazione di un'analisi della situazione di contesto (ambiente, mercato, concorrenza, intermediari, caratteristiche e risorse aziendali) nell'ambito di uno o più settori o segmenti di attività specifici, di una serie di scelte strategiche (relative, quindi, alla destinazione delle risorse disponibili o procurabili) in funzione del raggiungimento di determinati ed espliciti obiettivi e, infine, dell'organizzazione (strutture, sistemi e risorse umane) e delle azioni necessarie per la realizzazione di tali strategie.

Quale deve essere la struttura del piano?

Di seguito propongo una possibile struttura per il piano di investimento; ho preferito articolare lo schema con il maggior dettaglio possibile, affinché potesse davvero rappresentare una guida alla definizione di un piano aziendale concreto. Ovviamente tale struttura dovrà essere in parte adattata alle esigenze della propria azienda.

Background

La parte introduttiva del piano riassume i fatti dell'azienda evidenziando come questi siano alla base della decisione di internazionalizzazione e del suo successo.

1. Introduzione:
- breve storia dell'azienda;
- mission e vision;
- le ragioni dell'investimento.

2. Obiettivi:
- obiettivi strategici aziendali;
- obiettivi *di mercato* dell'investimento;
- obiettivi *strategici* di breve e medio termine dell'investimento.

3. Prodotti e servizi:
- descrizione dei prodotti e dei servizi dell'azienda;
- analisi dei punti di forza in ottica export/produzione in loco;
- analisi dei punti di debolezza in ottica export/produzione in loco.

Come sono stati selezionati i paesi obiettivo? Quali sono le caratteristiche principali dei paesi prescelti in relazione al settore di attività dell'impresa? E, soprattutto, quali sono le caratteristiche fondamentali della competizione sui mercati scelti? Questa sezione del piano è di fondamentale importanza per la raccolta, l'analisi e la condivisione delle informazioni necessarie per la definizione della strategia competitiva.

4. Selezione dei paesi:

- criteri utilizzati per la valutazione dell'attrattività dei mercati esteri;
- selezione del paese o dei paesi obiettivo.

5. Analisi dei paesi:

- fattori infrastrutturali legati al settore di attività dell'impresa;
- contesto politico, economico e culturale;
- percentuale di mercato occupata dalle importazioni;
- barriere tariffarie e non tariffarie;
- tendenze e prospettive di sviluppo.

6. Analisi dei mercati:

- segmentazione del mercato;
- criteri di scelta del mercato e fattori di successo competitivo;
- valutazione dei potenziali di mercato;

- principali concorrenti.

Definizione della strategia competitiva e dell'assetto organizzativo

Il cuore del piano è la definizione della strategia competitiva dell'impresa sui mercati esteri. Particolare attenzione dovrà essere posta nella definizione delle leve di marketing in relazione alle caratteristiche dei segmenti di mercato individuate nella sezione precedente.

7. Strategie e modalità di ingresso sul mercato:

- identificazione dei segmenti obiettivo;
- analisi competitiva sui segmenti scelti;
- individuazione della modalità di presenza;
- individuazione di possibili partner locali;
- posizionamento dei prodotti e dei servizi ed eventuale adattamento alle esigenze dei mercati esteri;
- strategie di prezzo;
- definizione delle condizioni di vendita e di pagamento;
- strategia di comunicazione;
- strategia di distribuzione;

- strategie di sviluppo della forza vendita;
- descrizione degli intermediari.

8. Articolazione dell'assetto organizzativo:

- determinazione e coinvolgimento della proprietà e del management;
- esperienze e conoscenza aziendali in tema di esportazione;
- rapporti tra l'esportazione e le altre attività dell'impresa;
- definizione dello *staff* export;
- questioni riguardanti il mercato del lavoro.

9.Pianificazione temporale :

- definizione dei tempi di accesso per ogni mercato;
- redazione di un piano d'azione trimestrale per le aree geografiche prioritarie;
- redazione di un master plan che comprenda tutte le attività del piano.

10. Strategie di difesa dai rischi:

- rischi legati al mercato;
- rischi di credito e di cambio;

- rischi politici.

Dopo avere analizzato i mercati e definiti gli obiettivi e la strategia di ingresso e di presenza sui mercati, occorre valutare l'iniziativa dal punto di vista economico e finanziario. È importante considerare un orizzonte temporale che permetta di valutare l'evoluzione e il consolidamento dell'iniziativa al di là delle difficoltà che inevitabilmente l'azienda incontrerà durante le prime fasi di inserimento sui nuovi mercati.

11. Pianificazione economico finanziaria:

- previsione dei ricavi a 3-5 anni;
- determinazione dei costi di avvio dell'iniziativa;
- determinazione dei costi a 3-5 anni;
- individuazione delle fonti di finanziamento;
- prospetti economici a 3-5 anni;
- prospetti finanziari a 3-5 anni;
- budget dettagliato dei ricavi e dei costi per il primo anno.

Non è detto che tutto vada come nelle previsioni. Occorre individuare gli elementi che, con maggiore probabilità, possono provocare situazioni inaspettate e impreviste, che possono compromettere il perseguimento degli obiettivi stabiliti e individuare piani alternativi che consentano di far fronte a tali eventualità. Occorre effettuare una valutazione alternativa.

12. Contingency plan:

- esame dei punti sensibili del piano *(trigger points)*;
- definizione di contromisure e piani alternativi;
- definizione di prospetti economico finanziari alternativi alla soluzione standard.

13. Conclusioni:

- riassunto dei punti principali del piano;
- analisi dell'impatto dell'iniziativa sulla situazione attuale dell'impresa;
- suggerimenti e raccomandazioni;
- ringraziamenti al personale che ha contribuito alla stesura del piano.

Una volta redatto, il piano costituisce il principale punto di riferimento per la gestione dell'iniziativa. In particolare è fondamentale che l'andamento del progetto sia monitorato in modo continuo e costante, così da evidenziare tempestivamente gli scostamenti che dovessero emergere rispetto agli obiettivi e alle previsione e orientare adeguatamente le decisioni. È appena il caso di notare che tale controllo sarebbe impossibile senza la "rotta" tracciata nel piano in termini di obiettivi, sia economici che strategici, risorse, strategie, metodologie ecc.

Dove cercare aiuto?

La difficoltà di redigere un piano così articolato può apparire scoraggiante. Non è obbligatorio tuttavia che facciate tutto da soli! Anzi, è assolutamente sconsigliabile. Sono molti i servizi cui potete accedere per essere supportati nella vostra iniziativa, alcuni dei quali gratuiti, ma tutti, comunque, con un costo assolutamente non paragonabile ai costi che vi potreste trovare a sostenere affidandovi all'improvvisazione. Ricordiamo soltanto alcune delle fonti cui rivolgersi:

- l'Istituto Nazionale per il Commercio Estero (ICE);
- le associazioni di categoria;
- le aziende speciali delle camere di commercio;
- unioncamere;

- risorse online.

In alcuni casi, poi, vale la pena di valutare la possibilità di collaborare con professionisti e consulenti esterni, che possono apportare un validissimo supporto per tematiche e attività specifiche. Le piccole aziende sono in genere molto preoccupate dei costi che questo comporta, tuttavia l'investimento necessario dovrebbe essere valutato in base ai benefici che comporta.

In particolare: quanto costerebbe all'azienda sviluppare internamente le competenze necessarie? I consulenti mettono a disposizione delle aziende un livello di esperienza e di competenza cui queste non potrebbero altrimenti avere accesso in alcun modo. Inoltre, trasferiscono le loro conoscenze alle risorse interne all'azienda, incrementando sensibilmente la velocità d'apprendimento del personale aziendale.

RIEPILOGO DEL CAPITOLO 1:

- SEGRETO n. 1: Occorre analizzare nel dettaglio le ragioni per cui un'adeguata attività di pianificazione aumenta considerevolmente le possibilità di successo del progetto di investimento e non limitarsi a cogliere soltanto qualche occasione qua e là perché tale pratica è rischiosa e inefficiente.
- SEGRETO n. 2: I vantaggi dell'investimento per un'impresa sono di carattere sia economico che strategico ma occorre fare attenzione perché a fronte di una serie di vantaggi importanti, l'investimento potrebbe comportare rischi specifici che bisogna conoscere.
- SEGRETO n. 3: Predisporre un piano di investimento consta di cinque fasi: background, analisi dei mercati, strategia competitiva, pianificazione economico finanziaria e valutazione di percorsi alternativi. Il piano è anche alla base dell'attività di controllo e monitoraggio dei risultati.

CAPITOLO 2:
Come affrontare il mercato estero

Nel commercio con l'estero, vi sono alcuni aspetti particolarmente critici e rilevanti. A ognuno di essi è dedicata una sezione specifica del Portale, tuttavia in questo percorso tematico abbiamo voluto definire una mappa estremamente sintetica dei temi cui è indispensabile porre la massima attenzione, dal momento che costituiscono una possibile fonte di rischio (e, per converso, di successo, quando siano affrontati correttamente ed efficacemente) e caratterizzano in modo particolare il commercio internazionale rispetto all'attività commerciale sul mercato interno.

SEGRETO n. 4: alla base di ogni relazione commerciale vi è una rete di rapporti tra persone: la mancanza di attenzione alle differenze culturali può compromettere il buon esito delle trattative.

Alla base di ogni rapporto commerciale vi sono la costruzione e il mantenimento di una rete di relazioni personali. Sottolineare l'importanza dell'attenzione agli aspetti culturali potrebbe sembrare banale, poco rilevante e non particolarmente urgente, tuttavia è un punto assolutamente fondamentale proprio perché, come abbiamo appena detto, i rapporti commerciali si concretizzano praticamente sempre attraverso relazioni tra persone. E le persone provano simpatia, rispetto e antipatia; possono offendersi ed essere condizionate nelle loro scelte da tutta una serie di elementi di carattere prettamente emotivo.

Se non siete convinti di questo aspetto, pensate: andreste mai a un appuntamento con un cliente in tuta da ginnastica? Raccogliereste il sugo dal piatto con il pane a una cena di lavoro? Vi rivolgereste immediatamente con il *tu* al vostro interlocutore? Vi presentereste a casa di qualcuno che vi ha invitato a cena con un mazzo di crisantemi?

Partite dal presupposto che le nostre abitudini e i nostri comportamenti potrebbero essere inadeguati, se non proprio offensivi, nel paese estero in cui vi trovate. Non pensate che la cultura e gli usi di un paese siano assurdi o antiquati: le persone in genere sono orgogliose della proprie radici culturali e ritengono le critiche e le inosservanze a tali aspetti una grave mancanza di rispetto e un'inaccettabile forma di arroganza.

Ovviamente nessuno pretenderà che sappiate tutto e vi conformiate completamente, ma il rispetto, il desiderio di conoscere e l'apertura verso le diversità, sono atteggiamenti sempre molto apprezzati che possono fare la differenza tra la chiusura o meno di una trattativa.

SEGRETO n. 5: è fondamentale un'accurata conoscenza degli aspetti legali poiché considerare superficialmente gli aspetti contrattuali e legali può comportare gravi perdite di denaro.

La conoscenza del quadro normativo di riferimento per le vostre attività nel paese in cui operate è un aspetto di importanza fondamentale. Trascurare una differenza culturale e assumere un comportamento sbagliato può essere molto imbarazzante, trascurare un aspetto normativo può generare conseguenze che vanno dalla perdita irrimediabile di denaro alla galera.

Ponete, dunque, attenzione ai seguenti aspetti:

- quando vi trovate in un paese estero rispondete alle leggi di quel paese;
- norme presenti nella legge italiana potrebbero non esservi nella legislazione straniera e viceversa;
- contratti e titoli di credito con lo stesso nome in Italia e nel paese estero, potrebbero far riferimento a quadri normativi completamente diversi;
- potrebbe essere molto difficile far valere i propri diritti in una controversia con un soggetto locale davanti a un tribunale estero;
- atti legali in Italia potrebbero non esserlo nel paese estero;
- reati di rilevanza soltanto civile in Italia potrebbero avere rilevanza penale all'estero.

Per tutte queste ragioni risulta evidente che dovete fare in modo di essere assolutamente tranquilli e protetti per quanto riguarda gli aspetti legali e contrattuali. Il consiglio è quindi di farvi assistere da un professionista.

SEGRETO n. 6: occorre analizzare la scelta dei mezzi e delle

condizioni di pagamento poiché l'insoluto è un rischio dell'investimento. La scelta dei mezzi di pagamento deve essere gestita efficacemente. Infatti, l'investimento estero amplifica i costi e le difficoltà di questo servizio e genera una mole di documentazione da gestire.

In alcuni paesi il rischio di insoluto è molto elevato. Inoltre può risultare estremamente difficoltoso e costoso recuperare un credito detenuto verso un'azienda estera. Tuttavia le condizioni di pagamento, in particolare i tempi di dilazione dello stesso rispetto al momento della fornitura, costituiscono una leva di marketing che può risultare fondamentale per il successo dell'iniziativa di esportazione.

Alcune aziende rinunciano alla possibilità di utilizzare questa leva accettando dai clienti esteri soltanto pagamenti anticipati. Altre, accampando discutibili ragioni di mercato, si piegano completamente alle richieste dei clienti e concedono pagamenti dilazionati e posticipati senza alcuna forma di protezione del credito. Entrambi questi estremi sono ingiustificati, dal momento che esiste la possibilità di proteggere il credito attraverso l'utilizzo di mezzi di pagamento adeguati. L'azienda dovrà quindi definire i mezzi di pagamento che intende adottare e utilizzarli sistematicamente e senza eccezioni.

Un esempio è dato dalla criticità dei trasporti. Come è intuibile, il trasporto è un elemento determinante per il successo delle attività. In questa parte preme sottolineare gli elementi di criticità che determinano l'importanza del trasporto nel commercio internazionale:

- **il trasporto è percepito dal cliente come un *servizio*.** Come tale può costituire un vantaggio competitivo o trasformarsi in un punto di debolezza per l'impresa. L'importanza di tale servizio, e dunque della sensibilità del cliente a questo aspetto, è amplificata dalla distanza fisica tra venditore e acquirente, dalle difficoltà di comunicazione, dai rischi di danneggiamento della merce ecc. Occorre inoltre considerare che l'azienda potrebbe essere in una situazione di svantaggio nei confronti di concorrenti locali e di altri concorrenti esteri in situazione più favorevole come distanza dal mercato di riferimento;
- **il trasporto costituisce un *costo*.** Trasportare le merci ha un

costo che va a incidere sui margini del venditore o sul prezzo di vendita o su entrambi. È ovvio che le maggiori distanze che occorre coprire e le maggiori difficoltà dovute a fattori politici, geografici e infrastrutturali, tendono ad aumentare tali costi e a incidere quindi sul vantaggio dell'investimento;

- **il trasporto espone le merci a *rischi* di vario genere**. Dalla perdita, totale o parziale, al danneggiamento, al deterioramento. Si noti che la fase di trasporto ha come peculiarità di essere il solo momento in cui la merce non è in possesso né del venditore né dell'acquirente: sorge quindi anche un problema di determinazione della *responsabilità contrattuale*, cioè del soggetto che si deve far carico dei rischi derivanti dal trasporto. Gli elementi citati non sono diversi da quanto si dovrebbe tenere in conto per il trasporto sul territorio nazionale. La differenza sta nella difficoltà, molto maggiore per il trasporto internazionale, di compendiare opportunamente le esigenze di *efficacia, economicità e sicurezza* del trasporto.

Occorrerà quindi che l'impresa consideri le scelte riguardanti i trasporti in ottica strategica:

- dovrà innanzitutto valutare il trasporto dal punto di vista dell'impatto che esso può avere sulla competitività della propria offerta, valutando in particolar modo l'importanza che questo può avere nelle scelte del cliente e il confronto con i concorrenti in relazione alle altre componenti del valore dell'offerta;

- dovrà poi informarsi adeguatamente sulle alternative esistenti, sui costi e sui servizi, esaminando in modo approfondito anche le possibilità meno immediate e scontate;
- dovrà infine affidarsi a professionisti e a imprese di provata capacità ed esperienza, con le quali creare un rapporto di fiducia reciproca e collaborazione continuativa.

Alta problematica è rappresentata dalla documentazione. È un aspetto incautamente sottovalutato specialmente dalle piccole imprese abituate a operare prevalentemente attraverso contatti diretti e in modo informale: un investimento con l'estero tende a generare una mole di documentazione che finisce per avere un impatto negativo sull'organizzazione e sull'efficienza dell'ufficio commerciale estero dell'impresa.

Possiamo dividere per chiarezza tutta la carta che si produce in tre gruppi principali:

a) *Corrispondenza commerciale*: tutti i contatti con il cliente prima, durante e dopo l'acquisizione dell'ordine (richieste d'offerta, offerte, conferme, contratti, cataloghi, listini ecc.). Questi documenti non sono dissimili da quelli che dovrebbero essere utilizzati per l'attività commerciale interna. Tuttavia, tendono ad aumentare di numero per ragioni facilmente intuibili: necessità di traduzioni, conversioni monetarie, maggiore difficoltà di contatti diretti ecc.
b) *Documentazione legale e commerciale*: tutta la documentazione richiesta dai diversi soggetti che intervengono nella transazione (dogane, spedizionieri, banche, assicuratori ecc.). A differenza di quella precedente tale documentazione deve essere obbligatoriamente prodotto in modo ineccepibile, pena l'interruzione della transazione e/o eventuali sanzioni.
c) *Rapporti e comunicazione interna*: intendendo con questo tutte le relazioni tra l'ufficio estero e le altre funzioni aziendali.

A titolo esemplificativo, citiamo un elenco, parziale, di documenti che devono essere prodotti e gestiti nel corso di una singola transazione, raggruppati per utilizzatore.

Documentazione richiesta dal cliente estero:

- offerta o fattura proforma;
- conferma d'ordine;
- bill of lading (via aria o via mare);
- polizza o certificato d'assicurazione;
- packing list/bolla accompagnamento.

Documentazione richiesta dal fornitore o fabbricante che esporta:

- corrispondenza commerciale primo contatto;
- ordine d'acquisto;
- lettera di credito, rimessa o ricevuta di pagamento bancario accettati.

Documentazione richiesta dallo spedizioniere o trasportatore:

- lettera d'istruzioni della spedizione;
- bill of lading;
- packing list/bolla d'accompagnamento;
- copia originale lettera di credito.

Documentazione richiesta dai governi:

- certificato d'origine;

- bolla/fattura doganale;
- certificato consolare;
- dichiarazione conformità prezzi;
- documenti speciali (sanitari, sicurezza ecc.);
- documentazione richiesta dalla banca dell'esportatore;
- bolla export/export draft;
- fattura commerciale;
- dichiarazione consolare;
- polizza o certificato assicurazione;
- bill of lading.

Tutti questi documenti costituiscono gli strumenti amministrativi indispensabili per completare le transazioni commerciali di merci: l'azienda deve quindi essere in grado di gestirli in modo efficiente e sistematico. A questo punto occorre, valutando le risorse e le competenze interne, porsi una domanda: la nostra azienda è pronta per tali investimenti?

I rischi e le difficoltà insiti nel processo di investimento all'estero possono precludere il raggiungimento degli obiettivi che l'azienda si è prefissata.

SEGRETO n. 7: occorre effettuare un'analisi approfondita delle condizioni interne ed esterne all'azienda per valutare il grado di preparazione, le possibilità di successo, le prospettive di sviluppo e individuare i punti critici.

Per questo è essenziale che l'imprenditore o i manager effettuino un'analisi approfondita delle condizioni interne ed esterne all'azienda, in modo da valutare criticamente il grado di preparazione dell'azienda stessa al commercio internazionale, le possibilità di successo e le prospettive di sviluppo, al fine di migliorare gli aspetti in cui questa dovesse risultare inadeguata o impreparata.

Dovranno essere analizzati i seguenti aspetti:

- *analisi delle risorse umane*: la preparazione all'export delle risorse umane aziendali deve essere valutata in termini di commitment, competenze ed esperienza;
- *analisi delle capacità di marketing*: le difficoltà di inserimento in un mercato estero, richiedono che l'azienda abbia la capacità di analizzare i mercati e definire un'offerta

competitiva;

- *analisi delle risorse finanziarie*: il progetto richiede investimenti e impieghi di risorse che incidono significativamente sul fabbisogno finanziario normale dell'azienda;
- *analisi delle risorse tecniche*: la vostra azienda ha la capacità tecnica per mettere in atto le politiche e le strategie definite nel piano?

Vi proponiamo qui una breve griglia di analisi.

Analisi delle risorse umane

In questo percorso tematico introduttivo abbiamo cercato di enfatizzare il più possibile l'importanza delle risorse umane come fattore determinante per il successo del progetto di internazionalizzazione. Specialmente per le imprese più piccole, tale successo dipende, più che da ogni altra cosa, dalla convinzione, dall'impegno, dalla tenacia e dalla perseveranza dei responsabili aziendali.

Convinzione, tenacia, perseveranza. Poche sono le scelte o decisioni cruciali che un'azienda effettua nel tempo e l'internazionalizzazione è senza dubbio una di queste. Tali scelte determinano un "impegno irreversibile" e l'obbligo di persistere con coerenza secondo una linea strategica. Ora, un aspetto importante della questione è che tale *commitment* interviene anche in una fase di molto precedente alle eventuali difficoltà in cui si incorre inevitabilmente nel corso delle singole fasi dell'investimento con l'estero: le fasi di *preparazione* di cui si è trattato finora (dalla definizione degli obiettivi, alla selezione dei mercati, degli intermediari e dei partner, alla definizione delle condizioni di vendita ecc.) richiedono investimenti che difficilmente una proprietà o un management che non siano profondamente convinti dell'importanza strategica del progetto di investimento saranno disposti a sostenere, dal momento che tenderanno ad essere visti come *evitabili.*

Oltre all'impegno e alla convinzione, è importante che l'impresa possa contare su risorse dotate delle competenze tecniche e dell'esperienza necessarie. È estremamente importante che l'impresa riconosca l'eventuale mancanza di tali caratteristiche (situazione che sarà ovviamente la più frequente nelle imprese che si stanno appena affacciando sul mercato internazionale).

Tale mancanza può essere ovviata attraverso il ricorso a risorse di diverso tipo, come eventi di formazione, utilizzo dei servizi messi a disposizione dai diversi enti (Ice, associazioni di categoria, aziende speciali delle camere di commercio ecc.), ricorso a consulenti e professionisti esterni, fino all'assunzione di personale esperto.

Questa può essere anche l'occasione per assumere giovani che, pur privi di esperienza, abbiano una preparazione specifica sulle tematiche di marketing e commercio estero (neolaureati che abbiano frequentato un corso di specializzazione sul tema, ad esempio): affiancati a professionisti e consulenti, ne facilitano e alleggeriscono il lavoro, potendo svolgere gran parte del lavoro operativo, riducendo per l'azienda i costi dell'intervento di consulenza e sviluppando contemporaneamente competenze e capacità professionali che diventano parte del patrimonio aziendale.

Brevissimo check-up delle risorse umane:

- La proprietà e il management sono convinti dell'importanza strategica del progetto di internazionalizzazione?

- Sono disposti a effettuare gli investimenti necessari per preparare l'azienda all'investimento con l'estero?
- Sono coscienti della necessità di avvalersi di risorse esterne per lo sviluppo delle competenze necessarie alla gestione dei mercati esteri?
- Avete persone dotate delle necessarie doti di professionalità, flessibilità, capacità di adattamento, apertura mentale, capacità di osservazione ed entusiasmo?
- Avete un'organizzazione tale da essere in grado di rispondere tempestivamente alle richieste dei clienti e di approntare tutta la documentazione tecnico-amministrativa necessaria?
- Il vostro personale è in grado di trattare correttamente in una lingua straniera con i diversi soggetti che intervengono nella transazione?
- Il vostro personale è in grado di utilizzare senza problemi almeno le più comuni tecnologie elettroniche?

Analisi delle capacità di marketing

Avere capacità di marketing, significa riuscire a compendiare i bisogni e i desideri dei clienti con le esigenze di economicità dell'impresa. Le capacità di marketing di un'azienda, si estrinsecano in un processo articolato in quattro fasi principali:

- comprensione delle aspettative e delle esigenze del mercato;
- definizione delle specifiche dell'offerta;
- realizzazione e gestione del progetto;
- comunicazione.

Come è facile intuire, tali fasi sono le stesse sia per affrontare un mercato interno, sia per affrontare un mercato estero; tuttavia, in anni di attività, sul mercato interno tendono ad essere date per scontate o considerate implicite da molte aziende.

Come già detto nella parte dedicata alla definizione della strategia, l'azienda non conosce a priori le caratteristiche del mercato estero, né può dare per scontato che siano analoghe a quelle dei clienti italiani, e non è conosciuta dal mercato.

Per affrontare l'ingresso in un mercato estero è dunque fondamentale che sia in grado di conoscere le caratteristiche del mercato, di definire un'offerta del prodotto/servizio adeguata, di gestirla in maniera efficace ed economicamente conveniente ed efficiente, nonché di comunicare al mercato stesso il valore della propria offerta. In questo processo sono ovviamente avvantaggiate le imprese che utilizzano sistematicamente tale approccio anche per la gestione e lo sviluppo del mercato interno e che non devono quindi svilupparlo *ex novo* per l'ingresso nei mercati stranieri.

Ecco un breve check-up per l'analisi delle capacità di marketing attuali della vostra azienda:

- Avete un'idea precisa degli elementi e delle condizioni che hanno decretato il successo della vostra azienda sul mercato italiano? Breve pausa di riflessione: spesso risulta difficile per le aziende rispondere a questa domanda (si tende a liquidare la questione con un generico: «Un buon prodotto a un prezzo concorrenziale», che in sé e per sé non spiega assolutamente nulla). Eppure, essere coscienti delle ragioni del successo della propria attività è fondamentale per valutare se tali ragioni e condizioni siano ripetibili su altri mercati e su altri paesi e per orientare le scelte strategiche aziendali.
- Conoscete le caratteristiche e le esigenze dei vostri clienti sul

mercato interno?

- Conoscete i criteri di scelta che i clienti utilizzano per la scelta dei prodotti e l'importanza che attribuiscono a ciascuno di essi?
- Disponete di un sistema di raccolta delle informazioni sui clienti?
- Avete l'abitudine di raccogliere informazioni sulla solidità e sulla solvibilità dei clienti?
- Sapete chi sono i vostri concorrenti sul mercato locale?
- Disponete di qualche informazione su di essi?
- Conoscete l'entità della quota di mercato della vostra azienda?
- Siete abituati a definire precisi obiettivi di vendita e a valutare i risultati in base al raggiungimento di tali obiettivi?
- Predisponete abitualmente budget di ricavi e di costi e li utilizzate come strumenti di gestione?
- Avete una politica di sconti ben definita?
- Avete una politica di personalizzazione dell'offerta in base alle esigenze del cliente ben definita? O siete completamente rigidi? O vi piegate a qualunque richiesta del cliente?
- Considerate la selezione degli intermediari e dei distributori un elemento chiave di rilevanza strategica o avete piuttosto un

atteggiamento opportunista o addirittura passivo?

- Utilizzate le dilazioni di pagamento come leva di marketing o vi adattate passivamente alle abitudini del settore?
- Disponete di una brochure aziendale aggiornata, in inglese e realizzata professionalmente?
- Disponete di materiale illustrativo sui prodotti e sui servizi dell'azienda, in inglese e realizzati professionalmente?
- La vostra azienda ha un sito internet aggiornato, in inglese e realizzato professionalmente?

Analisi delle risorse finanziarie

Per quanto i risultati possano in un tempo non eccessivamente lungo superare abbondantemente e far dimenticare i sacrifici e gli sforzi finanziari e organizzativi profusi, è indubbio che un progetto richieda investimenti e impieghi di risorse che incidono significativamente sul fabbisogno finanziario normale dell'azienda.

È impensabile e rischioso "ritagliare" le risorse necessarie dalla gestione ordinaria. Molto meglio anzi, indispensabile, effettuare un'accurata pianificazione del fabbisogno finanziario del progetto di investimento, individuando con precisione l'entità delle risorse necessarie e le relative fonti, sia che esse siano interne all'azienda (utilizzo di riserve, apporti di capitale ecc.), sia che siano esterne (banche, private equity).

A questo punto, dovrebbe risultare sempre più evidente la necessità di un piano completo, sistematico e dettagliato, che risulta uno strumento di comunicazione (e di persuasione) indispensabile per tutti i possibili soggetti finanziatori dell'iniziativa, sia interni che esterni all'impresa.

Potete inizialmente fare riferimento a questo mini check-up:

- stimate dettagliatamente e approfonditamente le risorse necessarie per la realizzazione del progetto di internazionalizzazione;
- formalizzate le stime in un piano;
- calcolate le riserve finanziarie appropriate all'ampiezza del progetto;
- create un rapporto di collaborazione e di fiducia con la vostra banca;
- reperite le risorse finanziarie necessarie all'iniziativa presso

istituti di credito o altri soggetti finanziatori;

- definite le politiche di copertura dei rischi finanziari legati ai mercati esteri;
- individuate i soggetti che possono supportarvi nella gestione degli aspetti giuridici e fiscali;
- definite delle condizioni generali di vendita che vi mettano al riparo dai rischi di insoluto;
- siate in grado, se necessario, di gestire le transazioni in valute diverse dall'euro;
- prendete le misure necessarie per proteggere la proprietà intellettuale dei vostri prodotti anche all'estero.

Analisi delle risorse tecniche

La vostra azienda deve essere materialmente in grado di mettere in atto le strategie e le politiche che ha definito, di progettare e realizzare gli eventuali adattamenti di prodotto, di imballare le merci adeguatamente ecc. Deve insomma possedere tutte quelle caratteristiche di carattere tecnico e organizzativo che occorrono per far fronte alle diverse esigenze dei nuovi mercati di sbocco dell'azienda, sia in termini di caratteristiche dell'offerta, che di domanda aggiuntiva.

Come nei casi precedenti, suggeriamo una lista parziale di elementi di analisi:

- siate in grado di apportare tali modifiche, se necessario;
- soddisfate eventuali richieste di personalizzazione dei prodotti e dei servizi, se opportuno;
- analizzate la durata di conservazione del vostro prodotto, il tempo di trasporto potrebbe incidere negativamente su tale durata;
- verificate se l'imballaggio è adeguato ai mezzi di trasporto scelti e se potete modificarlo agevolmente qualora fosse necessario;
- accompagnate il vostro prodotto con documentazione adeguata e verificate che sia conforme alle normative dei paese in cui intendete esportare;
- traducete il materiale d'accompagnamento nella lingua dei paesi nei quali esporterete;
- considerate se il vostro prodotto deve essere assemblato *in loco* da personale qualificato;
- considerate se i vostri servizi necessitano di un'assistenza *post vendita* ed eventualmente, analizzate come intendete fornire

tale assistenza;

- siate in grado di far fronte alla domanda aggiuntiva generata dai mercati esteri;
- in caso di aumento della domanda sul mercato interno, siate in grado di far fronte alla domanda sui mercati esteri (e viceversa).

RIEPILOGO DEL CAPITOLO 2:

- SEGRETO n. 4: Alla base di ogni relazione commerciale vi è una rete di rapporti tra persone: la mancanza di attenzione alle differenze culturali può compromettere il buon esito delle trattative.
- SEGRETO n. 5: È fondamentale un’accurata conoscenza degli aspetti legali poiché considerare superficialmente gli aspetti contrattuali e legali può comportare gravi perdite di denaro.
- SEGRETO n. 6: Occorre analizzare la scelta dei mezzi e delle condizioni di pagamento poiché l’insoluto è un rischio dell’investimento. La scelta dei mezzi di pagamento deve essere gestita efficacemente. Infatti, l’investimento estero amplifica i costi e le difficoltà di questo servizio e genera una mole di documentazione da gestire.
- SEGRETO n. 7: Occorre effettuare un’analisi approfondita delle condizioni interne ed esterne all’azienda per valutare il grado di preparazione, le possibilità di successo, le prospettive di sviluppo e individuare i punti critici.

CAPITOLO 3:
Come individuare il mercato

Selezionare i paesi target: questa è una delle prime decisioni che dovete prendere per affrontare i mercati internazionali. Molto probabilmente, una buona scelta a questo livello è il modo migliore per iniziare il progetto di internazionalizzazione della vostra azienda.

Dato che, almeno in teoria, esistono più di 200 paesi verso i quali poter effettuare un investimento, è ovvio che serve un metodo per individuare in modo facile e poco costoso ma allo stesso tempo ragionevolmente "scientifico", quelli che saranno i vostri "paesi target".

SEGRETO n. 8: le valutazioni richieste per selezionare i mercati possono essere fatte velocemente, confidando sull'esperienza e sul vostro spirito di osservazione, oppure con metodi un po' più rigorosi per valutare tutte le alternative che

dovranno essere analizzate in modo più approfondito.

Prima di tutto dovete ridurre il numero di potenziali alternative di investimenti esistenti. Considerando il fatto che esistono più di 200 paesi esteri verso i quali, almeno in teoria, si potrebbe effettuare un investimento, è ovvio che l'obiettivo di questa fase sia essere il più selettivi possibile, eliminando in un sol colpo la grande maggioranza dei paesi.

Probabilmente pensate che questo processo possa essere fatto in modo molto rapido. Ed effettivamente è così. Ma occorre essere pienamente consapevoli dei motivi e dei metodi in base a cui alcune scelte importanti sono effettuate. Per ridurre drasticamente e in modo rapido le alternative di investimento potete adottare una serie di metodi più o meno sofisticati.

Capitalizzare le esperienze precedenti

È possibile che la vostra azienda abbia avuto, in passato, alcune esperienze con clienti di altri paesi. Se tali esperienze sono state positive, anche se magari sono state solo occasionali, possono costituire un buon punto di partenza. È anche possibile che voi siate già presenti in alcuni paesi esteri. In questo caso ovviamente sarà sensato ragionare per similitudine e puntare su quei paesi che per ragioni di carattere culturale, storico, politico ecc. sono più simili a quelli in cui già operate.

Altra possibilità è che qualcuno che lavora nella vostra azienda venga da un paese straniero o abbia lavorato in precedenza in posizioni che lo hanno messo a contatto con determinati paesi stranieri. In pratica, come avrete capito, questo metodo di scelta tende a valorizzare e a concentrare l'attenzione sul capitale di conoscenze ed esperienze in vostro possesso per scegliere il target del processo di investimento.

Imitazione dei concorrenti

È molto probabile che non siate i primi a decidere di portare all'estero la vostra azienda e una delle scelte che potreste fare è quella di indirizzare le vostre risorse prima di tutto sui quei mercati esteri sui quali sono già presenti i vostri concorrenti.

Questo metodo si basa sulla supposizione che le scelte di investimento fatte dai vostri concorrenti diretti siano state precedute da analisi e studi più o meno approfonditi e che il livello di successo conseguito sui mercati esteri sia un indicatore dell'opportunità, per voi, di fare scelte simili.

Ovviamente si tratta di un metodo poco "scientifico", nessuno garantisce che voi possiate avere lo stesso successo dei vostri concorrenti, e sicuramente non potrete contare sul cosiddetto *first mover advantage*, ma dato che si tratta di un prodotto simile, probabilmente indirizzato a clienti simili, sicuramente non siamo di fronte a un vero e proprio salto nel buio. Se scegliete di utilizzare questo metodo è molto importante che vi abituiate a raccogliere informazioni sui vostri concorrenti, a studiare le loro strategie di internazionalizzazione, i motivi dei loro successi o le cause dei loro fallimenti.

Puntare sui raggruppamenti di paesi

Alcuni paesi formano, con altri, zone o aree di libero scambio, unioni doganali, mercati comuni regolati da accordi regionali e sub-regionali. Concentrare l'analisi solo sui paesi che fanno parte di qualche accordo di questo tipo può essere conveniente perché entrare in uno di essi significa, in genere, avere un accesso più semplice agli altri paesi che fanno parte dell'accordo. A tal proposito si cita, oltre ovviamente all'Unione Europea, il Nafta, l'Aladi (Associazione Latino Americana di Integrazione), il Mercosur (Mercato Comune del Cono Sud), l'EFTA (European Free Trade Association) ecc.

Altra possibilità è puntare su raggruppamenti *informali* di paesi. Avrete sicuramente sentito le espressioni «paesi più sviluppati», «tigri asiatiche», «paesi di nuova industrializzazione», «mercati dinamici» ecc.

Tali espressioni fanno tutte riferimento a raggruppamenti di paesi di carattere informale realizzati sulla base di analisi statistiche condotte da istituzioni e organizzazioni internazionali, uffici studi di associazioni, istituti di internazionalizzazione ecc. Ovviamente potreste anche avere un vostro sistema personale per creare gruppi di paesi, nulla lo vieta.

Se ritenete che gli aspetti in base ai quali viene realizzato il raggruppamento in questione siano in qualche modo correlati al consumo dei vostri prodotti, può essere sensato puntare prima di tutto su questi paesi. Ma fate attenzione al fatto che questi raggruppamenti esistono solo sulla carta. In ognuno di questi casi riuscirete a diminuire in modo drastico il numero di paesi da prendere in considerazione ma il problema è che rimarrete comunque con un numero relativamente elevato di alternative da considerare. Tra l'altro queste alternative non saranno ordinate in alcun modo perché i metodi visti non forniscono strumenti per misurarle e attribuire un voto o un punteggio.

Un metodo più scientifico: l'analisi di attrattività

Se i metodi indicati in precedenza non vi soddisfano, o se volete trovare delle conferme ai risultati cui siete giunti mediante il loro utilizzo, potete provare ad adottare un approccio un po' più scientifico, seguendo i due passi indicati di seguito.

Impostare un sistema di livelli soglia

Questo metodo prevede prima di tutto che vi procuriate dei dati di carattere macroeconomico (molto facili da ottenere, in modo praticamente gratuito), che individuiate al loro interno le variabili (3 o 4, non di più) che ritenete più correlate al vostro investimento, e che impostiate, per queste variabili, dei "livelli soglia", ovvero dei livelli minimi che devono essere rispettati affinché un certo paese sia per voi suscettibile di ulteriori analisi e considerazioni. È facile ottenere i dati macroeconomici, ci sono molti enti e istituzioni che pubblicano periodicamente statistiche di vario genere. Per quanto riguarda l'Italia, una delle fonti più importanti è l'ICE.

Sul sito web dell'Istituto, all'indirizzo http://www.ice.gov.it/statist_esterno/default2.htm, è possibile trovare:

- dati macroeconomici;
- dati sugli scambi di merci;
- dati sugli investimenti diretti esteri (IDE), relativi cioè alle imprese italiane con partecipazioni all'estero e alle imprese estere con partecipazioni in aziende italiane.

Anche all'estero, ovviamente, ci sono degli enti che si occupano di pubblicare dati statistici, studi e pubblicazioni sui sistemi economici internazionali. Un elenco molto completo di tali enti, insieme a molte altre informazioni, si trova nel sito http://globaledge.msu.edu/ nella sezione Resource Desk. In pratica si tratta di costruire una serie di filtri e, dato che ogni paese deve soddisfare contemporaneamente tutte le condizioni imposte su questi livelli soglia per passare alla fase successiva di analisi, è ovvio che questo metodo è molto selettivo e consente di ridurre drasticamente il numero di alternative da prendere in ulteriore considerazione.

Serve, a questo punto, un metodo che vi consenta di valutare l'attrattività relativa di ciascuna di queste alternative in modo da riuscire a costruire una specie di classifica nella quale avrete in testa l'alternativa relativamente più attraente. L'obiettivo ovviamente è utilizzare questa classifica per trarre delle indicazioni abbastanza precise sulla direzione verso cui dovreste utilizzare le risorse a vostra disposizione.

Per costruire l'indice di attrattività occorre:

- scegliere le variabili che ritenete più correlate al successo del vostro progetto (si tratta ancora a questo punto, dell'analisi soprattutto di variabili di carattere macro-economico e socio-demografico). Ad esempio, un'azienda che vende capi di abbigliamento di elevata qualità e indirizzati a un pubblico giovane può essere interessata a elementi come la struttura per età della popolazione, il reddito pro-capite, la spesa per consumi pro-capite ecc.;

- valutare, per ciascuna delle variabili scelte, il "verso" della correlazione. Ci sono, infatti, variabili al crescere delle quali cresce l'attrattività del mercato preso in considerazione (pensate ad esempio alla popolazione o al reddito pro-capite) e variabili che si comportano esattamente nel modo opposto (pensate al numero dei concorrenti o ai dazi);
- valutare il *peso* delle variabili, ovvero la loro importanza relativa all'interno del vostro progetto di investimento. In pratica, a ciascuna delle variabili individuate dovrà essere attribuito un valore crescente al crescere della sua importanza nel sistema di valutazione che state costruendo;
- standardizzare i valori assunti dalle variabili considerate per trasformarli in numeri *puri* e omogenei, svincolandoli dalle rispettive unità di misura: in caso contrario, sarebbe praticamente impossibile il confronto.

Per ricollegarci all'esempio precedente, la struttura per età della popolazione è espressa con un valore percentuale, mentre il reddito e la spesa per consumi pro-capite sono espressi in unità monetarie. Uno dei metodi di standardizzazione più utili in questo caso è rispetto al campo di variazione della variabile. Per applicarlo basta prendere il valore che vogliamo standardizzare, sottrargli il valore più basso che la variabile assume e dividere il risultato ottenuto per il campo di variazione (valore massimo – valore minimo) della variabile stessa.

$$x_{std} = (x - x_{min})/(x_{max} - x_{min})$$

In questo modo trasformeremo tutti i valori in numeri compresi tra 0 e 1. Qualora la variabile di interesse fosse inversamente correlata all'attrattività del mercato (vedi sopra), basterà considerare il complemento a 1, sottraendo all'unità l'intera frazione:

$$x_{std} = 1-[(x - x_{min})/(x_{max} - x_{min})]$$

Calcolare, sulla base delle considerazioni precedenti, un numero indice ponderato che fornisca un giudizio sintetico sull'attrattività di ognuno dei 10/30 paesi considerati con riferimento al vostro specifico progetto di investimento. Il numero indice ponderato si ottiene applicando, per ogni paese considerato, la seguente formula:

$$I = [(x_1 * p_1) + (x_2 * p_2) + \ldots + (x_n * p_n)]/(p_1 + p_2 + \ldots + p_n)$$

dove *I* rappresenta l'indice di attrattività, i simboli x_1, x_2, ..., x_n rappresentano le *n* variabili considerate e p_1, p_2, ..., p_n i pesi delle variabili stesse.

Alla fine avrete una graduatoria di paesi, nella quale troverete ai primi posti quelli relativamente più attraenti. Basterà selezionare i primi 3-5 che saranno i paesi che passeranno alla fase successiva.

SEGRETO n. 9: analizzare in profondità le alternative più attraenti e quindi effettuare una ricerca di informazioni, primarie e secondarie, inerenti al paese individuato. Creare una scheda paese.

A questo punto, indipendentemente dalla scientificità dei metodi utilizzati, dovreste essere rimasti con pochi mercati "superstiti" da analizzare più in profondità. Il numero di questi mercati dipenderà in gran parte dalle risorse che avete a disposizione per realizzare questa analisi ma in generale si può dire che i paesi rimanenti dovrebbero essere al massimo cinque. Su questi paesi investirete molto più tempo e risorse ma almeno, se avete seguito i passi descritti in precedenza, sarete ragionevolmente sicuri del fatto che ne valga la pena. Le informazioni che raccoglierete saranno di due tipi: informazioni secondarie e primarie.

Le informazioni primarie

Le informazioni primarie sono quelle raccolte appositamente per il vostro progetto di investimento perché sono troppo specifiche e direttamente riferite al vostro business o settore di attività. Si tratta di informazioni che possono essere raccolte seguendo due strade.

Prima di tutto potete decidere di occuparvene direttamente, realizzando indagini e interviste sul campo che coinvolgano potenziali clienti, distributori, camere di commercio nazionali all'estero, uffici ICE, associazioni di categoria locali.

Ovviamente, realizzare un'indagine in proprio presuppone che voi abbiate un'idea abbastanza precisa delle informazioni da raccogliere e del modo in cui le tratterete una volta raccolte. È quindi importante che prima di prendere una decisione del genere facciate un'analisi onesta del profilo professionale e delle capacità delle risorse a vostra disposizione.

In generale possiamo dire che dovrete cercare di rispondere alle seguenti domande:

- quanto è grande il mercato? Ovvero dovrete cercare di stimare le dimensioni del mercato potenziale nel suo complesso e dei vari segmenti che lo compongono. Può darsi che la dimensione relativa, e quindi l'attrattività dei vari segmenti, non sia la stessa che riscontrate sul mercato nazionale;
- cosa si aspettano i clienti? Qui si tratta di delineare il profilo della domanda nei diversi segmenti. È molto probabile che i segmenti che servirete saranno gli stessi che sono presenti sul mercato nazionale, ma sarebbe un errore dare per scontato il fatto che i clienti presenti al loro interno ragionino allo stesso modo di quelli italiani;
- chi sono i concorrenti e cosa fanno per soddisfare i clienti? In

questo caso si tratta invece di delineare il profilo dell'offerta, ovvero dei concorrenti locali e di quelli internazionali presenti sul mercato obiettivo. Oltre a una descrizione sommaria delle loro caratteristiche dovrete soffermarvi sulle caratteristiche della loro offerta e sul modo in cui questa è in grado di soddisfare le aspettative dei clienti che avete rilevato in precedenza;

- a chi si rivolgono i clienti? Qui si tratta di raccogliere informazioni sulla struttura dei canali distributivi presenti nel paese obiettivo e sulla loro accessibilità. Questa fase è importante perché i vari segmenti di clienti individuati in precedenza tenderanno a privilegiare, in media, certe tipologie di canali e quindi, se volete che acquistino da voi, è molto importante che i vostri prodotti siano presenti sui canali giusti.

In alternativa, potete affidare il compito di svolgere le indagini necessarie per rispondere alle domande proposte a dei consulenti o anche a enti e istituzioni che realizzeranno una ricerca di marketing per vostro conto. Esistono degli enti che si occupano di analizzare interi settori di business fornendo informazioni sulla loro composizione in termini di segmenti di prodotto, struttura concorrenziale, stato e sviluppo dei canali distributivi, prezzi ecc. L'alternativa più economica è quella di acquistare uno dei rapporti che tali enti pubblicano sul vostro mercato obiettivo.

Le informazioni secondarie

Le informazioni secondarie si chiamano così non perché non siano importanti, ma perché già esistono, sono state raccolte da altri o da voi in passato, per altri scopi e adesso vengono riutilizzate.

A questo proposito, considerate che esistono molte istituzioni, nazionali e internazionali che pubblicano, gratuitamente o a costi veramente irrisori, dei documenti chiamati *Scheda Paese*. Di solito, all'interno di una scheda paese trovate le seguenti informazioni:

- descrizione del paese dal punto di vista storico, politico ed economico;
- descrizione della situazione del mercato domestico, del trend economico in atto, dei flussi commerciali *da* e *verso* l'estero del paese, della posizione relativa dell'Italia (se la scheda è originata nel nostro paese) nella graduatoria degli importatori

e degli esportatori;

- informazioni generali sul business, come ad esempio la moneta utilizzata, la lingua prevalente, regole, norme e consuetudini in uso nel business, differenze di carattere legale, relazioni lavorative, orari di lavoro;
- possibili supporti all'ingresso sul mercato come ad esempio associazioni industriali, fiere, altre opzioni di networking, mezzi di comunicazione, fonti e strutture disponibili per realizzare ricerche di mercato;
- informazioni in merito agli aspetti culturali (forme di saluto, modi per rivolgersi alle persone, cose da fare e da non fare, atteggiamento verso gli italiani (vedi sopra), suggerimenti di carattere generale ecc.);
- suggerimenti operativi per organizzare un viaggio nel paese come ad esempio informazioni sulla necessità di visti o di altra documentazione, permessi di lavoro, servizi di supporto disponibili, alberghi, standard di comunicazione, voltaggio elettrico, vacanze religiose ecc.

Procurarsi e studiare approfonditamente le schede paese pubblicate dalle varie istituzioni nazionali (come ad esempio ICE) o internazionali (come ad esempio la Banca mondiale, il Fondo Monetario Internazionale, l'OECD ecc.) è un ottimo punto di partenza.

Ma ovviamente occorre raccogliere anche informazioni direttamente sul mercato. A questo punto potreste anche essere in grado di decidere. Ma seppur abbiate seguito il consiglio di investire tempo e risorse nell'analisi dei possibili paesi target e nella scelta delle alternative di investimenti relativamente più attraenti, non potete essere sicuri di aver fatto tutto ciò che era materialmente possibile per minimizzare la probabilità di commettere errori nelle vostre scelte.

Infatti, manca ancora la considerazione di alcune cose molto importanti: i rischi del processo di investimento e le eventuali barriere all'ingresso nei paesi che avete scelto come target. La scelta finale, infatti, non dipenderà solo dall'entità delle risorse che materialmente siete in grado di investire, dalle caratteristiche del vostro prodotto e dal profilo della domanda, ma anche dalla presenza e dalla forza relativa dei concorrenti, dalla possibilità di entrare sul mercato estero in modo relativamente semplice, dal tipo e dall'entità dei rischi che dovrete affrontare.

SEGRETO n. 10: valutare i rischi che possono essere amplificati dal fatto di operare in un contesto internazionale. Include il rischio commerciale, il rischio di impresa, il rischio economico, il rischio monetario e il rischio politico.

Il processo di investimento comporta dei rischi che vanno oltre quelli presenti in tutte le negoziazioni. È importante valutarli prima di partire per prendere le opportune contromisure e non trovarsi a dover correre ai ripari quando ormai è troppo tardi.

In questa sezione vediamo le principali tipologie di rischio e, alla fine, un semplice modello per identificare a quali di esse la vostra azienda è più esposta. Ovviamente qui il consiglio è di farvi assistere da un esperto in materia.

Rischio d'impresa

La prima e probabilmente più importante tipologia di rischio che dovete prendere in considerazione è strettamente connessa all'attività di impresa. Sicuramente sarete abituati a combattere quasi quotidianamente con problemi relativi alla produzione, al trasporto e alle consegne dei prodotti, al reperimento di nominativi di potenziali clienti, distributori o agenti ecc.

Bene. Considerate che nel contesto internazionale questi rischi verranno amplificati dalla distanza, dalle differenze culturali, dalle barriere linguistiche e dal fatto che, per quanti studi abbiate fatto, conoscerete relativamente poco il mercato di destinazione rispetto alle aziende che ci lavorano da sempre (concorrenti locali).

In pratica continuerete ad essere esposti ai rischi di sempre ma dovrete prestare particolare attenzione ai seguenti aspetti:

- la crescente pressione competitiva fa sì che i clienti, anche quelli esteri, diventino sempre più esigenti nei confronti dei loro fornitori. Spesso per vendere bisogna proporre servizi aggiuntivi e personalizzazioni del prodotto e questo aumenta il rischio di contestazioni sulla qualità e sulle caratteristiche dei prodotti e servizi forniti o di sospensione o revoca della commessa. Sarà necessario cautelarsi bene da un punto di vista contrattuale per evitare che tali eventualità si verifichino.

Diventa sempre più difficile investire all'estero con strumenti e termini di pagamento considerati "sicuri" come ad esempio il pagamento anticipato o il credito documentario irrevocabile, ossia quel credito documentario che consiste in un impegno inderogabile assunto da una banca, su ordine di un acquirente, a effettuare una certa prestazione a favore della controparte contro la presentazione di una serie di documenti. È la forma di pagamento che in assoluto tutela di più, soprattutto quando la controparte risiede in uno stato caratterizzato da un elevato rischio paese. E quindi potreste trovarvi a dover anticipare i costi di produzione senza garanzie solide dal punto di vista dei ricavi. È molto importante farsi assistere da specialisti e consulenti per ridurre l'esposizione a questa tipologia di rischio.

- in contesto internazionale è più difficile valutare l'affidabilità dei clienti e quindi è relativamente più facile trovarsi di fronte a clienti che non sono in grado di onorare gli impegni assunti. Per questo è importante acquisire informazioni rivolgendosi a enti specializzati nella valutazione della solvibilità delle aziende.
- potreste avere un successo inaspettato e trovarvi in difficoltà a

rispettare i programmi di produzione e i tempi di consegna con evidenti ripercussioni in termini di immagine e soddisfazione dei clienti.

Soprattutto se la vostra azienda produce su commessa, occorrerà valutare attentamente l'affidabilità dei vostri clienti e sarà indispensabile acquisire informazioni da parte di qualche ente specializzato nella realizzazione di servizi di questo tipo.

Rischio economico

Lo scenario internazionale è in continua evoluzione. La globalizzazione ha comportato un aumento dell'integrazione delle varie economie, i periodi di crisi non sono più circoscritti ai singoli sistemi economici, ma tendono a propagarsi da paese a paese, spesso molto rapidamente. Considerare il rischio economico significa cercare di delineare quali saranno i possibili scenari futuri nel paese di destinazione, a partire dalla situazione attuale, per evitare di trovarsi scoperti di fronte a repentine mutazioni delle condizioni di mercato e quindi della domanda. Da questo punto di vista, ovunque operiate, avrete a che fare con una serie di variabili che non saranno direttamente influenzate dalle vostre azioni, ma che dovrete monitorare attentamente perché la loro evoluzione potrà creare problemi per il successo dei vostri progetti di internazionalizzazione. Le variabili in questione sono sicuramente il tasso di inflazione, il tasso di disoccupazione, il grado di competitività del mercato, il livello di sviluppo e l'accessibilità del sistema distributivo, lo stato di salute e l'efficienza del sistema bancario.

Rischio monetario (o rischio di cambio)

Di solito, sia il prezzo di vendita che la moneta in cui avverrà il pagamento vengono definiti al momento della stipula del contratto. Se trascorre un tempo relativamente lungo tra il momento della conclusione del contratto e l'incasso della fattura che emetterete, sarete esposti al rischio di perdere una parte del valore della transazione a fronte di eventuali svalutazioni forti della moneta del paese estero rispetto all'euro.

Questo rischio è tanto più concreto quanto più state cercando di vendere i vostri prodotti in paesi emergenti o di industrializzazione relativamente recente, le cui economie sono fatalmente più esposte a brusche variazioni. È un rischio che viene corso da entrambe le parti, ma a ben vedere le oscillazioni del cambio non generano necessariamente conseguenze negative. In genere ci si cautela dai rischi di cambio con adeguati strumenti e tecniche di copertura.

Rischio politico (o rischio paese)

Il rischio politico viene anche definito "rischio paese" e consiste nell'eventualità che un determinato paese si trovi in condizioni tali da non poter onorare gli impegni finanziari assunti dai propri residenti nei confronti di soggetti non residenti a causa di una mancanza di risorse o per qualsiasi altro motivo (guerre, insurrezioni, catastrofi naturali ecc.). Rientrano nella categoria "rischio politico" anche le eventualità di esproprio, nazionalizzazione, confisca, sequestro, moratoria e altre misure che il governo locale decide di intraprendere anche a danno delle aziende estere o partecipate dall'estero e dei loro beni. Ci sono enti specializzati per la valutazione e la copertura di una serie di tipologie di rischio.

L'esempio più importante è la SACE: Società italiana di assicurazione dei crediti all'esportazione, http://www.sace.it, che si occupa di assicurare una serie di rischi (rischio politico, rischio di mancato trasferimento della valuta o di riscadenzamento del debito, rischio di insolvenza dello Stato, rischio di crisi finanziaria, rischio di crisi del sistema bancario, rischio di forte rallentamento economico) se il paese di destinazione rientra tra quelli "assicurabili".

RIEPILOGO CAPITOLO 3:

- SEGRETO n. 8: Le valutazioni richieste per selezionare i mercati possono essere fatte velocemente, confidando sull'esperienza e sul vostro "spirito di osservazione", oppure con metodi un po' più rigorosi per valutare tutte le alternative che dovranno essere analizzate in modo più approfondito.
- SEGRETO n. 9: Analizzare in profondità le alternative più attraenti e quindi effettuare una ricerca di informazioni, primarie e secondarie, inerenti al paese individuato. Creare una scheda paese.
- SEGRETO n. 10: Valutare i rischi che possono essere amplificati dal fatto di operare in un contesto internazionale. Include il rischio commerciale, il rischio di impresa, il rischio economico, il rischio monetario e il rischio politico.

Conclusione

Oggigiorno, la necessità per le imprese di espandere i propri piani di espansione all'estero è un elemento di fatto imprescindibile. Ma come fare a scegliere gli investimenti i mercati giusti? Le attività da svolgere sono sintetizzabili in un percorso formato da cinque step che hanno lo scopo di rispondere a cinque domande fondamentali:

- Quali sono i fattori che contribuiscono al successo dell'azienda sul mercato "di casa nostra"?
- Quali sono i mercati esteri su cui investire?
- Qual è l'offerta che si dà e la domanda che si ottiene da questi mercati?
- Come entrare nei mercati individuati?
- La situazione economico-patrimoniale della mia azienda mi consente politiche di espansione?

Affrontare i mercati esteri senza una solida posizione sul mercato interno, non rende il processo impossibile, ma sicuramente lo rende più rischioso. Dunque la prima regola da seguire è quella di identificare quali sono gli elementi distintivi alla base del successo sul mercato interno, ossia nazionale. Sono svariati i motivi per i quali una azienda può avere successo:

- tecnologia e *know-how* esclusivi;
- unicità del prodotto;
- unicità del servizio;
- canali di distribuzione molto efficaci;
- posizionamento in segmenti di mercato ad alto profitto.

È preferibile, una volta individuati i punti di forza della nostra impresa, attuare politiche di espansione che abbiano aspetti in comune con il business del mercato nazionale: questo rende la gestione dell'investimento più semplice. A tal fine è opportuno porre in essere la verifica dei punti di condivisione e similitudine fra il mercato domestico e il mercato estero sul quale l'impresa ha deciso di investire. Le valutazioni che abbiamo fatto in questa sezione possono essere sintetizzate in un semplice modello, utile per valutare l'esposizione del vostro progetto di investimento alle diverse tipologie di rischio trattate. Il modello che proponiamo è necessariamente molto semplice e deve essere considerato uno strumento di prima approssimazione, ma può costituire un esempio di un approccio sistematico e quantitativo a un contesto sicuramente molto importante. Procedete in questo modo:

- elencate all'interno di una tabella le diverse tipologie di rischio alle quali ritenete di essere, in qualche misura, esposti. Ovviamente, oltre a quelle indicate in questa sede, ce ne potrebbero essere altre in funzione delle caratteristiche della vostra azienda, del settore in cui lavorate e dei paesi scelti come target;
- per ciascuna tipologia di rischio, indicate, con un valore da 0 a 10, la probabilità che questo si verifichi (0 praticamente impossibile, 10 praticamente certo). Qui ovviamente dovrete fare delle stime e non sarà facile. Utilizzate soprattutto l'esperienza, il buon senso e la ragione, oltre alle informazioni che avrete raccolto in giro;
- per ciascuna tipologia di rischio, indicate, con un valore da 0 a 10, l'impatto che il suo verificarsi avrebbe sul vostro progetto di internazionalizzazione (0 impatto praticamente nullo, 10 impatto devastante). Anche queste saranno delle stime, ma è sicuramente un esercizio utile giacché vi costringerà a riflettere a fondo sulle aree sensibili del vostro progetto;
- per ciascuna tipologia di rischio, moltiplicate tra loro i due

valori appena definiti. Otterrete ovviamente un numero compreso tra 0 e 100 che indicherà l'esposizione del vostro progetto di internazionalizzazione alle varie tipologie di rischio individuate.

Ovviamente dovrete proteggervi principalmente dalle tipologie di rischio per le quali l'esposizione è più elevata, senza dimenticare che, dato che stiamo parlando di rischi, questa procedura non vi mette al riparo dall'eventualità che essi si verifichino.

Attenzione: non operate senza prima aver effettuto uno studio analitico della materia, un'analisi attenta della vostra azienda e nella fase di realizzazione dell'investimento fatevi sempre seguire da un professionista.

www.ingramcontent.com/pod-product-compliance
Ingram Content Group UK Ltd.
Pitfield, Milton Keynes, MK11 3LW, UK
UKHW022013190726
13853UKWH00005B/1903

9 788861 746039